BEI GRIN MACHT SICH IHR WISSEN BEZAHLT

Jan Horak

Musikvideokultur im Web 2.0

GRIN Verlag

Bibliografische Information der Deutschen Nationalbibliothek:

Die Deutsche Bibliothek verzeichnet diese Publikation in der Deutschen National-
bibliografie; detaillierte bibliografische Daten sind im Internet über http://dnb.d-
nb.de/ abrufbar.

Impressum:

Copyright © 2009 GRIN Verlag, Open Publishing GmbH
Druck und Bindung: Books on Demand GmbH, Norderstedt Germany
ISBN: 978-3-640-80474-0

Dieses Buch bei GRIN:

http://www.grin.com/de/e-book/164923/musikvideokultur-im-web-2-0

GRIN - Your knowledge has value

Der GRIN Verlag publiziert seit 1998 wissenschaftliche Arbeiten von Studenten, Hochschullehrern und anderen Akademikern als eBook und gedrucktes Buch. Die Verlagswebsite www.grin.com ist die ideale Plattform zur Veröffentlichung von Hausarbeiten, Abschlussarbeiten, wissenschaftlichen Aufsätzen, Dissertationen und Fachbüchern.

Besuchen Sie uns im Internet:

http://www.grin.com/

http://www.facebook.com/grincom

http://www.twitter.com/grin_com

Universität Hamburg
Institut für Medien und Kommunikation
Modul MuK A2
52-359 Musikvideos: Geschichte, Ästhetik und aktuelle Trends

Wintersemester 08/09

Musikvideokultur im Web 2.0

Jan Horak

Fachsemester: 3. Semester BA
Medien- und Kommunikationswissenschaft (HF),
Deutsche Sprache und Literatur (NF)

Inhaltsverzeichnis

1. Einleitung, Eingrenzung und Definitionen

Ursprünglich intendiert als reines Marketinginstrument, ist das Musikvideo längst zu einem eigenständigen Medium geworden, „welches sich selbst verkauft und finanziert".[1] Trotz der immer noch primär kommerziellen Ausrichtung haben sich im Laufe der letzten Jahre zahlreiche Subgenres und -kulturen herausgebildet. Einen schleichenden, aber doch massiven Einschnitt erlebte die Musikvideokultur mit der zunehmenden Durchdringung des sozialen und medialen Alltags durch das Internet. Mit dieser Arbeit soll dargelegt werden, welche neuen Verbreitungswege und Änderungen in der Angebotsstruktur sich für Musikvideos mit der Durchsetzung des Web 2.0 ergeben. Neben einem allgemeinen Überblick über die Erscheinungsformen von Videos und Videoplattformen im Web 2.0 wird auch erläutert, welche individuellen oder kommerziellen Interessen sowohl User als auch Anbieter von Musikvideos dazu motivieren, diese Strukturen zu nutzen und aktiv mitzugestalten. Aufgrund des eng bemessenen Rahmens soll auf die Problematik der Copyright- und Urheberrechtsverletzungen, die zu anhaltenden Konflikten zwischen der Musikindustrie und den Betreibern webbasierter Videoangebote geführt hat, nur am Rande eingegangen werden.

Zum Verständnis dieses komplexen Geflechts ist es unabdingbar, sich näher mit den verwendeten Kernbegriffen auseinander zu setzen. So muss zunächst geklärt werden, welcher Forschungsgegenstand genau mit der Bezeichnung „Musikvideo" gemeint ist:

„Das Musikvideo bzw. der Videoclip ist ein Versuch, Musik mit Hilfe eines Filmes (Clips) zu visualisieren. Im Gegensatz zum Film [...] ist der Ausgangspunkt für die Produktion eines Videoclips zunächst die Musik. Nur nach Struktur, Aufbau oder Richtung der Musik kann ein passender Clip gedreht werden. Film und [Musik-]Video unterscheiden sich auch in ihrer ursprünglichen Intention. Während der Film ein Produkt „für sich" ist, dient(e) das Musikvideo anfangs nur als Werbefilm für das Produkt ‚Musik'."[2]

Der im Rahmen dieser Arbeit verwendete Musikvideobegriff umfasst alle erdenklichen Erscheinungsformen von Musikvideos, unabhängig von ihrer Herkunft, Professionalität, kommerziellen Ausrichtung und Intention.

---

[1] Kocina, Erich (1999): Die visuelle Darstellung des Todes in Musikvideos. Wien: GRIN Verlag für akademische Texte, S. 10.
[2] Ebd., S. 9.

Beschäftigt man sich näher mit der Musikvideokultur im Web 2.0, so wird recht schnell die Definitionsproblematik des „Web 2.0"-Begriffs deutlich. Tim O'Reilly, Softwareentwickler und Chef des O'Reilly-Verlags, prägte diesen Ausdruck und stellte die folgenden Punkte als charakteristisch für das neue Web 2.0 heraus[3]:

1. Web als Service-Plattform
2. Einbeziehung der kollektiven Intelligenz der Nutzer
3. Daten stehen im Mittelpunkt der Anwendungen
4. Neue Formen der Softwareentwicklung
5. „Leichtgewichtige" Programmiermodelle
6. Software, die auf vielen Geräten nutzbar wird
7. Rich User Experience

Als bedeutendstes Charakteristikum des Web 2.0 gilt das Prinzip des „User-generated Content". Es besagt, dass der Inhalt eines Webangebots nicht vom Eigentümer der Seite generiert wird, sondern von seinen Nutzern. Dieses Konzept bildet die Basis für die Herausbildung und Etablierung der zahlreichen im Netz entstandenen frei zugänglichen Videoportale und somit auch für die Entwicklung einer unabhängigen, nicht von kommerziellen Interessen gelenkten Musikvideokultur.

„Der Begriff Videoportal – manchmal auch Videohoster [oder Videoplattform] genannt – bezeichnet Webseiten mit zugehöriger Serverinfrastruktur, auf denen kurze und längere Videoclips per *Stream* ‚gesendet' werden. Sie unterscheiden sich von anderen Formen der Bewegtbildübertragung im Internet [...] vor allem durch einen Fakt: Die Nutzer sind zur aktiven Mitarbeit als *Produzenten der Inhalte* explizit eingeladen. Nutzer können ihre eigenen Videos – unabhängig davon, ob diese selbst erstellt oder illegal aus den Angeboten anderer Mediendienste herausgelöst worden sind – auf den Videoportalen online stellen und somit potentiell allen Internetnutzern zugänglich machen."[4]

Neben den unabhängigen Plattformen des „Mitmachwebs" soll im Folgenden aber auch auf kommerzielle Videoportale eingegangen werden. Sie setzen im Gegensatz zu den „Web 2.0"-typischen Angeboten nicht primär auf User-Partizipation, sondern auf die gezielte Vermarktung der in den präsentierten Clips auftretenden Musiker.

---

[3] Ebersbach, Anja; Glaser, Markus; Heigl, Richard (2008): Social Web, Konstanz: UVK-Verlagsgesellschaft, S. 24ff. Vgl. auch: Tim O'Reilly: What is Web 2.0?
[4] Machill, Marcel; Zenker, Martin (2007): Youtube, Clipfish und das Ende des Fernsehens? Problemfelder und Nutzung von Videoportalen. Berlin: Verlag der Friedrich-Ebert-Stiftung, S. 9.

2.   Veränderung der Fernseh- und Internetnutzung

Die jüngsten technologischen Entwicklungen des Internets haben zu neuen multimedialen Angeboten geführt, die nicht selten in Konkurrenz zu den etablierten Massenmedien treten. Besonders betroffen ist hierbei das Fernsehen: Durch die Entstehung und Durchsetzung von frei und jederzeit zugänglichen Videoplattformen kam es zu einer massiven Abwanderung vor allem des jungen Publikums ins Netz, die „den klassischen Rundfunk-Begriff ins Wanken [bringt]".[5] Die User werden hierbei von verschiedenen Motivationen geleitet:

1.   Die Benutzer „mögen an Videoplattformen die große Angebotsvielfalt".[6] Diese ermöglicht es ihnen, zu jedem Interessengebiet Videos finden und anschauen zu können.

2.   Die Angebote auf Videoplattformen sind nicht an ein bestimmtes Sendeprogramm gebunden und ermöglichen so das zeitlich unabhängige Zugreifen auf die gewünschten Inhalte. Dies ist ein deutlicher „Vorteil gegenüber [...] dem Fernsehen".[7]

3.   Links zu beliebten Videos können per E-Mail- oder Chat-Dienste auf einfache Weise an das soziale Umfeld weitergegeben werden und „schaffen [so] ein gemeinsames Medienerleben".[8]

4.   Die Grenzen zwischen Rezipient und Produzent verschwimmen. Jeder User kann selbst kostenlos und ohne großen Aufwand Videos hochladen. Im Gegensatz zum Fernsehen spielt hier auch der Aspekt der Selbstrepräsentation eine große Rolle.

Diese Entwicklung haben auch die renommierten Musik-TV-Sender deutlich zu spüren bekommen, denn „[b]esonders populär sind Musikvideos [...]. Sich über Videoplattformen die Lieblingsmusik anzuhören oder auch nach neuer Musik zu suchen, ist für Jugendliche alltäglich".[9] Angebote wie Youtube stellen folglich eine nicht zu unterschätzende Konkurrenz dar. Viele Internetnutzer sind inzwischen daran gewöhnt, sich – wann und wo immer sie wollen – aus dem Netz mit der Musik ihrer

---

[5] ALM.de: IPTV und hybride Mischformen außer Kontrolle?
[6] Uni Leipzig: YouTube, MyVideo und Co. – Fernsehen im Internetzeitalter?!
[7] Ebd.
[8] Ebd.
[9] Uni Leipzig: YouTube, MyVideo und Co. – Fernsehen im Internetzeitalter?!

Wahl zu versorgen. Traditionelle Anbieter wie MTV reagieren mit einer „Verjüngung"
und Verlagerung ihrer Angebote ins Internet.

3. Videoplattformen im Internet

Im Zuge der Etablierung des Web 2.0 entstanden zahlreiche Webangebote, die sich auf
das Bereitstellen und Verwalten von Videos spezialisiert haben.[10] Betrachtet man diese
Angebotsvielfalt unter dem Aspekt der im Internet entstandenen Musikvideokultur,
muss zwischen vier grundsätzlich verschiedenen Angebotsformen unterschieden
werden.

3.1 Reine Videoportale

Als reine Videoportale werden hier Webseiten verstanden, deren Angebotstruktur
primär und nicht selten ausschließlich auf das Streamen von Videos ausgerichtet ist. Als
Beispiele seien hier Youtube[11], clipfish[12] oder MyVideo[13] genannt. Der Content wird
von den Usern bereitgestellt, die selbst Videos hochladen können. Dieses Grundkonzept
wird in der Regel durch Features wie eine Kommentar- und Bewertungsfunktion
ergänzt, so dass sich Communities bilden können, in denen über Videoantworten und
Textnachrichten kommuniziert wird. Bei einem Großteil der auf Youtube publizierten
Videos handelt es sich um Musikvideos.

3.2 Hybridformen

Hybridformen sind Webangebote mit integrierten Videostreams, die ursprünglich aber
eine andere Konzeption verfolgen. Bekanntestes Beispiel ist MySpace.com[14]. Das
Social Network bietet seinen Usern neben den gängigen Social Services zusätzlich die
Möglichkeit, Videoclips in ihre persönlichen Profile zu integrieren (vgl. Kapitel 5.2).
Auch StudiVZ, das größte Social Network im deutschsprachigen Raum, arbeitet seit

---

[10] ihans.de: Zusammenfassung der besten Videoplattformen im Internet.
[11] vgl. http://www.youtube.com/
[12] vgl. http://www.clipfish.de/
[13] vgl. http://www.myvideo.de/
[14] vgl. http://www.myspace.com/

Mitte 2008 verstärkt mit Videoanbietern zusammen und präsentiert auf der Startseite in unregelmäßigen Abständen Kurzclips und Musikvideos. Seit Anfang Februar 2009 besteht eine Partnerschaft zwischen StudiVZ und dem Internet-Musikvideoanbieter Tape.tv (vgl. Kapitel 5.3), so dass die Betreiber des Social Networks ausgewählte Videos aus der Datenbank von Tape.tv einbinden können.[15]

3.3 Marketingplattformen

Bei Marketingplattformen handelt es sich um Angebote von Webvideodiensten, die kommerzielle Interessen verfolgen und entweder von Musikvertriebsfirmen betrieben werden oder zumindest sehr eng mit diesen zusammenarbeiten. Durch diesen Schritt wird von Seiten der Musikindustrie versucht, den massiven Publikumsverlust bei den traditionellen Verbreitungswegen des Musik-TV- und CD-Marktes zu kompensieren. Ein bekannter deutscher Vertreter dieses Konzepts ist Tape.tv.

3.4 Onlineauftritte von Musik-TV-Sendern

Neben dem inzwischen obligatorisch gewordenen und deshalb bei allen Musik-TV-Sendern vorhandenen Webauftritt[16] verfügen einige Sender zusätzlich über eine eigene Videoplattform. Diese bieten den Usern legal frei zugängliche Videostreams an und stellen somit eine Ergänzung zum Kerngeschäft der TV-Übertragungen dar. So wird versucht, eine hauseigene Konkurrenz zu immer erfolgreicher werdenden Videoportalen wie Youtube aufzubauen und das Publikum an sich zu binden. MTV kann hier mit der noch jungen Plattform mtvmusic.com als Vorreiter gelten (vgl. Kapitel 5.4).

---

[15] vgl. tape.tv: VZ-Netzwerke und tape.tv starten Kooperation.
[16] vgl. z.B. http://www.mtv.com/ oder http://www.viva.tv

4. Präsentation ausgewählter Beispiele

4.1 Youtube.com

Das im kalifornischen San Bruno ansässige Unternehmen Youtube wurde am 15. Februar 2005 von den US-Amerikanern Chad Hurley, Jawed Karim und Steve Chen gegründet. Es handelt sich hierbei um einen so genannten Social-Sharing-Dienstleister. Allgemein bezeichnet „Social Sharing" das Bereitstellen und Verwalten von Linklisten, Fotos, Videos oder sonstiger Inhalte im Internet, wobei „einige der geteilten Ressourcen der gesamten Öffentlichkeit verfügbar gemacht [werden]".[17] Benutzer können in der Regel die bereitgestellten Daten anderer User bewerten und sich persönliche Favoriten zusammenstellen. Youtube hat sich auf das Bereitstellen und Verwalten von user-produzierten Videos spezialisiert und bietet seinen Nutzern darüber hinaus nach eigenen Angaben folgende Features[18]:

1. Videoeinbettung: Nutzer können ein YouTube-Video in Facebook und MySpace, Blogs oder andere Websites einbetten, wo sie sich jeder ansehen kann.

2. Öffentliche oder private Videos: Nutzer können beim Hochladen festlegen, dass ihre Videos der Öffentlichkeit zugänglich sein sollen, oder sie nur für Freunde und Familienmitglieder freigeben.

3. Abonnements: Nutzer können sich über neue Videos ihrer Lieblingsnutzer informieren.

4. Quick Capture: Nutzer mit einer Webcam und Flash-Software können Videoantworten oder normale Videos sofort auf der Site aufnehmen und müssen sie nicht nach der Aufnahme hochladen.

Des Weiteren hat die Möglichkeit, „Videoantworten" auf die bereitgestellten Videos anderer Nutzer zu erstellen, zur Herausbildung einer eigenen Youtube-Kultur geführt, die die Plattform zur Kommunikation nutzt. Auf diese Weise werden auch Musikvideos innerhalb der Plattform rasant verbreitet.

Die steigende Beliebtheit und die damit verbundenen Verdienstmöglichkeiten durch Werbung führten dazu, dass es am 09. Oktober 2006 zu einer Übernahme des Unternehmens durch den Suchmaschinen-Anbieter Google Inc. kam. In der Folge

---

[17] Ebersbach; Glaser; Heigel: Social Web, S. 100.
[18] Vgl. Youtube.com: Über YouTube.

entstanden auch in Deutschland zahlreiche weitere Videoportale wie z.b. Clipfish[19] oder MyVideo[20], die Youtube seine Vorreiterstellung streitig machen wollten, allerdings ohne großen Erfolg. Das kalifornische Unternehmen ist inzwischen in zwölf Sprachversionen verfügbar und mit 75 Prozent Markanteil immer noch weltweiter Marktführer im Bereich Videoplattformen. So werden laut Youtube weltweit täglich ca. 65.000 neue Videos hochgeladen und ca. 100 Mio. Videos abgerufen. Durch die dadurch entstandene riesige und kaum zu kontrollierende Datenmenge kam es in jüngster Vergangenheit immer wieder zu Konflikten zwischen Youtube und kommerziellen Film- und Musikanbietern aufgrund von Copyrightverletzungen.

Trotz dieser Konflikte setzte sich Youtube-Gründe Steve Chen im August 2006 das Ziel, „jedes Musikvideo, das je gedreht wurde" auf Youtube verfügbar zu machen.[21] In der Folge kam es zu weitreichenden, zum aktuellen Zeitpunkt teilweise immer noch andauernden Verhandlungen über eine mögliche Kooperation mit den führenden Musikkonzernen (vgl. Kapitel 6). Laut Konzernchef Chad Hurley plant Youtube momentan, sein Angebot auch auf Fernsehgeräten nutzbar zu machen. Das Ziel sei es, „mit Youtube auf jedem Bildschirm vertreten zu sein".[22]

4.2   MySpace.com

MySpace.com[23] ist mit derzeit etwa 260 Mio. Mitgliedern das weltweit führende Social Network und somit kein reines Videoportal. Unter „Social Networks" versteht man einen auf einer Internetplattform bereitgestellten Verbund von so genannten „Social-Network-Services, die von Teilnehmern mit gleichen Interessen genutzt werden und über die diese persönliche Daten austauschen und Beziehungen zueinander herstellen und vertiefen".[24]

MySpace wurde im Juli 2003 durch den US-Amerikaner Tom Anderson gegründet, im Juli 2005 allerdings vom Multimediakonzern News Corporation des Medienmoguls Rupert Murdoch für mehr als eine halbe Milliarde US-Dollar aufgekauft. Finanziert wird die Plattform primär durch Werbung bzw. eine seit August 2006 bestehende Kooperation mit dem Suchmaschinenbetreiber Google. MySpace.com

---

[19] vgl. http://www.clipfish.de/
[20] vgl. http://www.myvideo.de/
[21] SPIEGEL ONLINE: YouTube baut aus.
[22] digitalfernsehen.de: YouTube-Chef will Internet-Videoplattform auf den Fernseher bringen.
[23] vgl. http://www.myspace.com/
[24] IT-Wissen.info: Soziales Netzwerk.

hebt sich von anderen Social Networks durch die Schwerpunktlegung auf den Musikbereich ab. So können sich Einzelkünstler und Bands ihren eigenen „MySpace" einrichten, Musikvideos, Songs und Bilder einbinden und auf diese Weise mit den Fans in Kontakt treten. Viele bekannte Interpreten nutzen MySpace, um sich volksnah zu präsentieren und über Konzerte und neue Alben zu informieren.

Durch die hohe Nutzerzahl und den großen Bekanntheitsgrad der Plattform ist es in der Vergangenheit vereinzelt unbekannten Künstlern gelungen, Musikkonzerne auf sich aufmerksam zu machen und einen Plattenvertrag zu erhalten. Im Jahr 2005 wurde von MySpace ein eigenes Plattenlabel mit dem Namen MySpace Records ins Leben gerufen.[25] Dieses beherbergt Künstler wie Pennywise oder Christina Milian, die primär durch ihre MySpace-Präsenzen bekannt geworden sind. Viele Hobbykünstler und Nachwuchsbands versuchen deshalb, ihren MySpace möglichst ansprechend, informativ und originell zu gestalten – dies immer in der Hoffnung, irgendwann „entdeckt" zu werden.

4.3   Tape.tv

Tape.tv[26] ist ein Anfang Juli 2008 gestartetes und somit noch sehr junges Musikvideoportal mit Sitz in Berlin. Die Plattform bietet rund um die Uhr Musikvideostreams an und verzichtet weitgehend auf zusätzliche Features, so dass die Webpräsenz auf den ersten Blick recht spartanisch wirkt. Tape.tv bietet alle Streams legal an und konkurriert auf diese Weise mit den etablierten TV-Musiksendern um Publikum. Ziel ist es, „den Zurücklehn-Faktor Fernsehen mit der Individualität des Internets" zu kombinieren.[27] Ermöglicht wird dies durch das Konzept der Plattform: So können die User je nach Gemütslage zwischen vier verschiedenen vorkonfigurierten Streams auswählen oder sich Playlists komplett selbst zusammenstellen.

Tape.tv geht Kooperationen mit Plattenlabels ein und bietet ihnen so die Möglichkeit, ihre Künstler im Netz zu vermarkten und so der allgemein zu beobachtenden Verlagerung der Nutzerinteressen ins Internet Rechnung zu tragen. Bereits seit dem Start von Tape.tv bestehen Partnerschaften mit Sony BMG, Universal, Warner Music, Zebralution und Kontor New Media, seit Anfang Oktober 2008 hat sich auch EMI dem Projekt angeschlossen. Eine weitere Finanzierungssäule des Unternehmens ist die Werbung. Eigenen Angaben zufolge wird die Plattform

---

[25] vgl. MySpace.com: MySpace Records.
[26] vgl. http://www.tape.tv/
[27] tape.tv: Unternehmensprofil.

„monatlich von über 200.000 Usern genutzt, die 1,8 Mio. Videos/Monat abrufen" und bietet Werbetreibenden somit eine attraktive Vermarktungsplattform.[28] Beim Start des Dienstes im Juli des vergangenen Jahres konnten sich die Benutzer aus einem Angebot von ca. 12.000 Videos eigene Playlists zusammenstellen, inzwischen werden ca. 17.000 Videos kostenlos gestreamt.

4.4 mtvmusic.com

Im Oktober 2008 präsentierte der TV-Musiksender MTV unter mtvmusic.com[29] einen eigenen digitalen Musiksender. Damit reagierte er auf die zunehmende Abwanderung der Zuschauer des traditionellen MTV-Angebots zu Plattformen wie z.B. Youtube.com und die laufenden Copyright-Konflikte zwischen dem MTV-Mutterkonzern Viacom und zahlreichen Videoportalen. An der Übernahme beliebter Features wie der Kommentarfunktion wird die Orientierung an der erfolgreichen Konkurrenz deutlich. Neben Videoclips werden auch Konzertmitschnitte und Aufzeichnungen von Interviews mit bekannten Interpreten angeboten. Jeder auf mtvmusic.com vertretene Künstler „hat eine eigene Seite mit allen Clips, kurzer Biografie und einer Liste mit ähnlichen Künstlern."[30] Nutzer können gezielt nach Videos von bestimmten Künstlern oder Genres suchen oder manuell die alphabetisch sortierte Datenbank durchforsten. Beim Start von mtvmusic.com waren etwa 12.000 Videos verfügbar, es kommen jedoch täglich neue dazu.

---

[28] tape.tv: Musikfernsehen im Internet.
[29] vgl. http://www.mtvmusic.com/
[30] netzwelt.de: Kostenlose Musik-Videos auf MTV Music.

5. Nutzungsformen und –motivationen

5.1 Videoplattformen als Distributionsweg und Marketinginstrument

Wie bereits in Kapitel 5 angedeutet, stellen Videoportale in jeglicher Form eine wichtige Schnittstelle zwischen Musikindustrie und Konsumenten dar. Für die Plattenfirmen und die Musik-TV-Sender wurde es überlebensnotwendig, der Zielgruppe ins Internet zu folgen, wollten sie nicht herbe Umsatzeinbußen durch Produktpiraterie und die Bereitstellung geschützter Inhalte durch Videoportale in Kauf nehmen.

Im Umgang mit dieser neuen Herausforderung fahren die meisten Konzerne eine Doppelstrategie: Während auf der einen Seite durch Prozesse bzw. Unterlassungsklagen gegen die Betreiber von frei zugänglichen Plattformen eine Wahrung des ursprünglichen Copyrights durchgesetzt werden soll, werden eben diese Plattformen verstärkt als zusätzlicher Werbekanal für Cross-Channel-Marketing genutzt.[31] Zu diesem Zweck werden nicht selten Kooperationen mit bestehenden Anbietern eingegangen: So befinden sich beispielsweise sowohl EMI als auch WARNER seit Jahren in Verhandlungen mit dem Marktführer Youtube.[32] Die daraus resultierenden Kooperationen haben dazugeführt, so dass Youtube zwischenzeitlich EMI- oder WARNER-Content anbieten durfte, ohne strafrechtliche Konsequenzen befürchten zu müssen. Momentan laufen Verhandlungen über eine Verlängerung der Lizenzvergabe.[33] Plattformen wie Tape.tv (vgl. Kapitel 5.3) nutzen die momentan schwierige Situation der großen Musikkonzerne und spezialisieren sich ausschließlich auf die Vermarktung ausgewählter Inhalte ihrer Geschäftspartner. Die User solcher Plattformen werden entgegen des allgemeinen Trends wieder zu passiven Konsumenten degradiert. Tape.tv zum Beispiel bietet verschiedene Streams zur Wahl an und beinhaltet Features wie das Zusammenstellen einer eigenen Playlist, der Content allerdings wird ausschließlich von den involvierten Musikfirmen geliefert. So ist Tape.tv schlussendlich eine rein kommerziell ausgerichtete „Musikplattform […], die auch Gewinne verspricht".[34]

Einen ähnlichen Weg beschreitet MTV mit dem hauseigenen Videoportal mtvmusic.com (vgl. Kapitel 5.4). Durch den anhaltenden Zuschauerschwund im ursprünglichen TV-Geschäft sah sich der Konzern gezwungen, seine Präsenz im Web zu stärken und durch eine eigene Plattform die Konsumenten an sich zu binden.

---

[31] vgl. inside-digital.de: Youtube und Co. im Visier der Musikindustrie.
[32] vgl. SPIEGEL ONLINE: YouTube baut aus.
[33] vgl. SPIEGEL ONLINE: Neues Portal zum Verklagen.
[34] Financial Times Deutschland: Mr Music.

Inwiefern sich das noch junge Angebot mtvmusic.com gegen die starke Konkurrenz von Plattformen wie Youtube durchsetzen kann, bleibt abzuwarten.

5.2 Videoplattformen als Möglichkeit der Selbstvermarktung

Abseits des „großen Geschäfts" versuchen zahlreiche Nachwuchsbands und Hobbykünstler, ihre Zuhörer- bzw. Zuschauerschaft über das Internet zu vergrößern und vielleicht sogar irgendwann die Aufmerksamkeit der führenden Plattenfirmen zu erregen. Die frei nutzbaren Videoportale des Web 2.0 bieten ihnen eine optimale Möglichkeit, sich einem großen Publikum zu präsentieren und den eigenen Bekanntheitsgrad signifikant zu steigern.

Besonders das Social Network MySpace.com hat sich durch seine Ausrichtung auf den Musikbereich als geeignete Plattform zur Self-Promotion einen Namen gemacht (vgl. Kapitel 4.2). Die freie Gestaltungsmöglichkeit der Nutzerprofile erlaubt es Bands, sich kostenlos eine eigene individuelle Homepage einzurichten, diese mit musikalischen Inhalten wie selbst produzierten Musikvideos oder Konzertmitschnitten zu füllen und somit einen großen Schritt in Richtung Seriosität zu beschreiten. Angesichts der Tatsache, dass MySpace zum Sammelbecken sowohl für professionelle Interpreten als auch für unbekannte Nachwuchskünstler geworden ist, scheinen hier die Grenzen zwischen Kommerz und Hobbykunst zu verschwimmen. Dieses von MySpace geförderte Konzept der Self-Promotion scheint angesichts der aktuellen Nutzerzahlen der Plattform und der hohen Anzahl von Bandprofilen überaus erfolgreich zu sein. Im Schatten dieses Erfolges entstanden Firmen wie z.B. „Track by Track"[35], die sich auf die professionelle Vermarktung unbekannter Künstler über MySpace spezialisiert haben. Track by Track nutzt die Netzwerkfunktionen der Plattform und bietet den Kunden gegen Honorar „durch gezielte Freundesanfragen an die Hörer"[36] eine zielgruppenorientierte Vernetzung der Band oder des Künstlers an.

5.3 Exkurs: Parodistische Musikvideokunst - Das Beispiel Jon Lajoie

Eine weniger auf kommerziellen Erfolg ausgerichtete Form der Self-Promotion über Videoplattformen ist die parodistische Musikvideokunst. Frei zugängliche Publikationswege und erschwinglich gewordene technische Ausstattung erlauben es zahlreichen Hobbykünstlern, ihre Werke auf diesem Wege einer breiten Öffentlichkeit

---

[35] vgl. http://www.trackbytrack.com/
[36] trackbytrack.com: Zielgruppengerichtete MySpace Promotion.

zu präsentieren. Zu unterscheiden sind zwei grundsätzlich verschiedene Formen der Musikvideoparodie. Zum einen existieren im Netz zahlreiche Parodien bereits bekannter Musikclips. Die Interpreten nehmen diese hier in der Regel zur Vorlage und entwickeln eigene Interpretationen des Stoffes, Veränderungen finden meist im Detail statt. Als Beispiel seien hier die Clips von Madonna genannt, die aufgrund ihrer bildgewaltigen Inszenierung auf Plattformen wie Youtube ein großes Echo und somit auch viele parodistische Nachahmungen finden.[37] Auf der anderen Seite tauchen auf Videoportalen immer wieder Werke auf, die anstatt eines konkreten Songs ein ganzes Musikgenre bzw. seine Interpreten parodieren. Ein im Netz inzwischen recht bekannter Vertreter dieser Kunstform ist Jon Lajoie.[38]

Jonathan Lajoie, ursprünglich ein kanadischer Schauspieler und Komiker, erlangte in den vergangenen Jahren durch seine Youtube-Videos im Netz Kultstatus. Seit dem Abschluss einer Schauspielausbildung im Jahr 2001 spielt er in der in Kanada populären frankophonen Soap-Opera „L'auberge du chien noir" einen anglophonen Musiker und erlangte so zunächst außerhalb des Internets einen recht hohen Bekanntheitsgrad.[39] Den Durchbruch als Comedian schaffte Lajoie Ende 2007 mit der Veröffentlichung einer Rapsong-Parodie auf Youtube.

Sein Song „Everyday Normal Guy"[40] stellt eine Parodie des gesamten Rapmusikgenres dar. Lajoie spielt mit den typischen Erscheinungsformen des Rapvideos: So entsprechen seine Kleidung, Körpersprache und Mimik der eines „Gangsta-Rappers", die Bässe sind wuchtig und der Ton aggressiv. Jon Lajoie bedient sich einer betont vulgären Umgangssprache, die im starken Kontrast zu dem Inhalt seines Songs steht. Anstatt sich wie die meisten Vertreter des Rapgenres über den eigenen Reichtum oder Frauengeschichten auszulassen, rappt Lajoie über das alltägliche Leben aus der Sicht eines Durchschnittsbürgers. Unter dem Rapper-„Kostüm" steckt also in diesem Fall nicht der sich selbst feiernde Siegertyp, sondern ein etwas selbstmitleidiger „Everyday Normal Guy". Lajoie entlarvt auf diese Weise die typischen Darstellungsmuster des Rapgenres in Musikvideos als Fassade.

Dieses und die in der Folgezeit produzierten Videos[41] verhalfen Jon Lajoie zu einer enormen Popularität im Netz. Inzwischen bietet Lajoie sogar eine Audio-CD mit seinen gesammelten Werken zum Verkauf an.

---

[37] vgl. z.B. YouTube.com: Madonna Parody – Frozen.
[38] vgl. jonjaloie.com: Jon Lajoie.
[39] vgl. Radio Canada: L'auberge du chien noir: Personnages.
[40] YouTube.com: Everyday Normal Guy.
[41] vgl. YouTube.com: Kanal von Jon Lajoie.

6. Fazit und Ausblick

Die zunehmende Durchdringung des Alltags durch das Internet macht auch vor dem Kulturgut Musik nicht halt. Durch die inzwischen fast flächendeckende Versorgung der Bevölkerung mit Breitbandverbindungen erfreuen sich Filesharingdienste und frei zugängliche Videohoster reger Beliebtheit. Auch das Musikvideo hat auf diese Weise den Sprung ins digitale Zeitalter geschafft.

In der öffentlich geführten Diskussion stehen meist die positiven Errungenschaften des Internetzeitalters im Mittelpunkt. Bezogen auf die Musikvideokultur sind dies die freie, annähernd orts- und zeitunabhängige Verfügbarkeit von Musikvideoangeboten im Netz sowie die Möglichkeit, selbst gestalterisch wirken zu können: Videoplattformen wie Youtube und Social Networks wie MySpace bieten eine optimale Basis für Hobbykünstler und solche, die es werden wollen. Um über die Grenzen des Internets hinaus bekannt zu werden, reichen heute nicht selten ein paar Tausend Klicks auf einer Videoplattform. Und auch für die Musikindustrie bieten sich vielfältige Werbekanäle und Verbreitungswege für ihre Produkte – so hat beispielsweise ein über Videoportale beworbenes Album aufgrund der enorm hohen Reichweite dieses neuen Mediums eine ungleich höhere Verkaufschance. Es ergeben sich hier Möglichkeiten des Cross-Channel-Marketings, von denen die Industrie vor einigen Jahren noch nicht einmal träumen durfte.

Doch bei aller Euphorie sollten auch die Schattenseiten der jüngsten Entwicklungen nicht aus dem Blickfeld geraten. Die illegale Verbreitung urheberrechtsgeschützter Inhalte über Anbieter wie Youtube hat zu einer nicht zu unterschätzenden Abwanderung der Zielgruppe ins Internet und somit zu massiven Umsatzeinbußen der Plattenfirmen und Musik-TV-Sender geführt. Neben vermehrten Versuchen, durch Kooperationen mit den Betreibern von Videoportalen aus dem Negativtrend doch noch Gewinn zu schlagen, kommt es immer wieder zu wahren Klagewellen. Mit einer solch restriktiven Unternehmenspolitik stellen sich die involvierten Konzerne jedoch nicht selten selbst ein Bein.[42] Das oft kleinkariert und gewinnsüchtig anmutende Gebaren der betroffenen Firmen ist allerdings nur die logische Konsequenz aus dem geänderten Nutzerverhalten. Konsumenten multimedial vertriebener Musikangebote haben ein natürliches Interesse daran, viel Content für wenig Geld zu erhalten. Videoplattformen bieten ihnen oft die Extremform:

---

[42] Vgl. SPIEGEL ONLINE: Fabchannel gibt auf.

Musikvideos sind hier kostenlos verfügbar, für die Urheberrechtsproblematik interessiert sich in der Regel kaum jemand. Jedoch muss klar sein, dass ein solches parasitäres Nutzungsverhalten auf Dauer zu einem Versiegen der Quelle führen muss – die Aufrechterhaltung eines Warenstroms setzt schließlich immer voraus, dass auf Seiten des Produzenten auch Gewinn erzielt wird. Die Musikindustrie versucht zurzeit mit Aufklärungskampagnen verstärkt, die Nutzer für diese Problematik zu sensibilisieren und wieder in den legalen Verwertungsprozess einzubeziehen.[43] Ob dies gelingen wird, bleibt abzuwarten – die zukünftigen Herausforderungen für Musikkonzerne im Allgemeinen und Musikvideoproduzenten im Besonderen sind in jedem Fall enorm.

---

[43] vgl. Kouretsidis, Takis (2007): Der digitale Musikmarkt. Erfolgsfaktoren für Onlinemusikdienste. Hamburg: Diplomica Verlag GmbH, S. 10ff.

7. Literaturverzeichnis

Ebersbach, Anja; Glaser, Markus; Heigl, Richard (2008): Social Web, Konstanz: UVK-Verlagsgesellschaft.

Kocina, Erich (1999): Die visuelle Darstellung des Todes in Musikvideos. Wien: GRIN Verlag für akademische Texte.

Kouretsidis, Takis (2007): Der digitale Musikmarkt. Erfolgsfaktoren für Onlinemusikdienste. Hamburg: Diplomica Verlag GmbH.

Langewitz, Oliver (Hrsg.) (2008): Über die Nutzung von Film- und Videocontent im Web 2.0. Göttingen: Cullivier Verlag.

Machill, Marcel; Zenker, Martin (2007): Youtube, Clipfish und das Ende des Fernsehens? Problemfelder und Nutzung von Videoportalen. Berlin: Verlag der Friedrich-Ebert-Stiftung.

8. Internetquellen

ALM.de: IPTV und hybride Mischformen außer Kontrolle?
http://www.alm.de/fileadmin/forschungsprojekte/GSPWM/Tagungsbericht_Workshop_I PTV_GSPWM_2.pdf
[Letzter Zugriff: 10.03.09, 18:45]

digitalfernsehen.de: YouTube-Chef will Internet-Videoplattform auf den Fernseher bringen.
http://www.digitalfernsehen.de/news/news_725434.html
[Letzter Zugriff: 10.03.09, 18:45]

Financial Times Deutschland: Mr Music.
http://www.tape.tv/presse/pdfs_pressestimmen/mrmusic.pdf
[Letzter Zugriff: 10.03.09, 18:45]

ihans.de: Zusammenfassung der besten Videoplattformen im Internet. *http://www.ihans.de/newsdetails/datum/2007/09/14/zusammenfassung-der-besten-video.html* [Letzter Zugriff: 10.03.09, 18:55]

inside-digital.de: Youtube und Co. im Visier der Musikindustrie. *http://www.inside-digital.de/news/pdf/2684.pdf* [Letzter Zugriff: 10.03.09, 18:45]

IT-Wissen.info: Soziales Netzwerk. *http://www.itwissen.info/definition/lexikon/Soziales-Netzwerk-social-network.html* [Letzter Zugriff: 10.03.09, 18:45]

jonlajoie.com: Jon Lajoie. *http://www.jonlajoie.com* [Letzter Zugriff: 10.03.09, 19:32]

MySpace.com: MySpace Records. *http://www.myspace.com/myspacerecords* [Letzter Zugriff: 10.03.09, 18:46]

netzwelt.de: Kostenlose Musik-Videos auf MTV Music. *http://www.netzwelt.de/news/78833-link-wink-kostenlose-musik-videos-auf-mtv.html* [Letzter Zugriff: 10.03.09, 18:46]

Radio Canada: L'auberge du chien noir: Personnages. *http://www.radio-canada.ca/emissions/l_auberge_du_chien_noir/2008-2009/personnages.asp* [Letzter Zugriff: 10.03.09, 18:47]

SPIEGEL ONLINE: Fabchannel gibt auf. *http://www.spiegel.de/netzwelt/web/0,1518,611759,00.html* [Letzter Zugriff: 10.03.09, 18:47]

SPIEGEL ONLINE: Neues Portal zum Verklagen.
http://www.spiegel.de/netzwelt/web/0,1518,612203,00.html
[Letzter Zugriff: 10.03.09, 18:47]

SPIEGEL ONLINE: YouTube baut aus.
http://www.spiegel.de/netzwelt/web/0,1518,432045,00.html
[Letzter Zugriff: 10.03.09, 18:49]

tape.tv: Musikfernsehen im Internet.
http://www.aol-dmg.de/fileadmin/downloads/factsheets/Factsheet_tapetv.pdf
[Letzter Zugriff: 10.03.09, 18:49]

tape.tv: Unternehmensprofil.
http://www.tape.tv/public/pdf/profil_tapetv_aug08.pdf
[Letzter Zugriff: 10.03.09, 18:49]

tape.tv: VZ-Netzwerke und tape.tv starten Kooperation.
http://www.tape.tv/presse/2009/07/pm_studiVZ_tapetv.pdf
[Letzter Zugriff: 10.03.09, 18:49]

Tim O'Reilly: What is Web 2.0?
http://www.oreillynet.com/pub/a/oreilly/tim/news/2005/09/30/what-is-web-20.html
[Letzter Zugriff: 10.03.09, 18:50]

trackbytrack.com: Zielgruppengerichtete MySpace Promotion.
http://www.trackbytrack.com/Netzwerk-Promotion_de.pdf
[Letzter Zugriff: 10.03.09, 18:51]

Uni Leipzig: YouTube, MyVideo und Co. – Fernsehen im Internetzeitalter?!
http://www.uni-leipzig.de/~umfmed/PM_MeMo_VP09.pdf
[Letzter Zugriff: 10.03.09, 18:54]

YouTube.com: Everyday Normal Guy.
http://www.youtube.com/watch?v=5PsnxDQvQpw
[Letzter Zugriff: 10.03.09, 20:55]

YouTube.com: Kanal von Jon Lajoie.
http://www.youtube.com/profile?user=jonlajoie&view=videos
[Letzter Zugriff: 10.03.09, 21:03]

YouTube.com: Madonna Parody – Frozen.
http://www.youtube.com/watch?v=bKPAvInQHMM
[Letzter Zugriff: 10.03.09, 18:51]

YouTube.com: Über YouTube.
http://www.youtube.com/t/fact_sheet
[Letzter Zugriff: 10.03.09, 18:51]